Cómo Superar el Alcoholismo

La Guía Definitiva para Dejar el Alcohol Para Siempre

Alejandro Chester

<u>**Descargo de Responsabilidad**</u>

La información proporcionada en este libro tiene la intención de ser útil y educativa para aquellos que enfrentan desafíos con el alcoholismo y buscan recursos para su recuperación. Sin embargo, es importante tener en cuenta que cada individuo es único y puede responder de manera diferente a las estrategias y consejos presentados en este material.

El contenido de este libro no pretende reemplazar el consejo médico, diagnóstico o tratamiento profesional. Se recomienda encarecidamente que cualquier persona que esté luchando con problemas relacionados con el alcoholismo busque el apoyo de profesionales de la salud mental, terapeutas u otros especialistas calificados en el campo.

El autor y los editores no asumen ninguna responsabilidad por cualquier consecuencia que pueda surgir del uso o la interpretación de la información proporcionada en este libro. Los lectores son responsables de tomar decisiones informadas y buscar ayuda profesional cuando sea necesario para abordar sus preocupaciones de manera segura y efectiva.

Se alienta a los lectores a ser conscientes de sus propias necesidades, límites y circunstancias individuales al aplicar cualquier consejo o estrategia presentada en este libro. Cada paso en el camino hacia la sobriedad es único y personal, y se recomienda encarecidamente la exploración de múltiples recursos y enfoques para encontrar lo que funcione mejor para cada individuo.

Al leer este libro, el lector acepta que el autor y los editores no son responsables de cualquier daño directo, indirecto, consecuente o incidental que pueda surgir del uso o la interpretación de la información proporcionada en estas páginas.

Gracias por su comprensión y consideración.

Índice

Dentro de nosotros hay una fuerza que todo lo puede,
solo tenemos que encontrarla y usarla.
- Albert Schweitzer

Dedicatoria

A aquellos que han luchado valientemente contra la sombra del alcoholismo y han encontrado la fuerza dentro de sí mismos para seguir adelante hacia la sobriedad.

A quienes han demostrado que la determinación, la esperanza y el amor pueden conquistar incluso los desafíos más difíciles.

A mis seres queridos, amigos, compañeros de viaje y a todos aquellos que han compartido su luz en mi camino hacia la recuperación.

A ti, que lees este libro, el simple hecho de haberte interesado en comprar este libro habla mucho de tu fuerza de voluntad, autoconciencia y resiliencia, juntos crearemos un nuevo capítulo en tu vida.

Que este libro sirva como una guía compasiva y un faro de esperanza para aquellos que buscan liberarse del ciclo destructivo del alcoholismo y encontrar una vida plena y auténtica más allá de las sombras. Que encuentren en estas páginas el apoyo, la inspiración y la motivación necesarias para seguir adelante en su camino hacia la libertad y la renovación.

Dedicado con amor y gratitud a todos aquellos que han encontrado el coraje para enfrentar sus demonios internos y han emergido más fuertes y más sabios del otro lado. Que sus historias inspiren a otros a abrazar su propia capacidad de sanar, crecer y florecer.

Regalo

Estoy profundamente agradecido por haberme permitido ser parte de tu proceso en el arduo camino de mejorar tu calidad de vida, y como es un honor para mí, quiero regalarte una herramienta adicional que te permitirá monitorear todo lo que está detrás de ciertas conductas impulsivas o que te llevan al mismo resultado, con la finalidad de identificarlos y trabajar en ello. Puedes obtenerlo dando clic aquí o con el siguiente QR:

Empecemos...

En un punto crítico de mi vida, me encontré atrapado en una espiral descendente que parecía no tener fin. Durante años, el alcohol había sido mi fiel compañero, una sombra que oscurecía cada aspecto de mi existencia. Mi relación con esta bebida, que alguna vez fue social y ocasional, se convirtió en un abismo insaciable que devoraba mis días y noches.

Las repercusiones de mi alcoholismo fueron profundas y devastadoras. Perdí relaciones significativas, oportunidades profesionales y, lo que es más importante, mi propia identidad se desvanecía entre los tragos. Fue en un momento de desesperación, en un día en el que me encontré solo frente al espejo, que supe que algo tenía que cambiar.

Decidí enfrentar mi adicción de frente. Fue un camino lleno de obstáculos y desafíos, pero también de redención y esperanza. A través de la determinación y el apoyo de quienes me rodeaban, logré deshacerme de las cadenas del alcoholismo y abrazar una vida más auténtica y significativa.

En este libro, compartiré contigo mi viaje personal de lucha y renacimiento. Exploraremos juntos las etapas del proceso de recuperación, desde el reconocimiento de la adicción hasta la construcción de una vida sólida y satisfactoria sin depender del alcohol.

A lo largo de estas páginas, encontrarás herramientas prácticas, consejos útiles y ejemplos inspiradores que te ayudarán a enfrentar tus propios desafíos con el alcohol. Porque sé, por experiencia propia, que la vida después del alcohol puede ser increíblemente hermosa y gratificante. Estoy aquí para decirte que hay luz al final del túnel, y que tú también puedes encontrarla. Estás a punto de embarcarte en un viaje transformador hacia una vida más plena y auténtica. Estoy emocionado de ser tu guía en este camino hacia la libertad y la renovación.

Capítulo 1: Descubriendo tu Motivación

El primer paso para superar el alcoholismo es encontrar una motivación sólida que te impulse hacia un cambio significativo en tu vida. Descubrir tu razón poderosa te brindará la fuerza necesaria para resistir la tentación, también te ayudará a construir un futuro libre de alcohol que realmente desees.

1.1 Encuentra tu Razón Poderosa

Descubrir por qué deseas dejar el alcohol es esencial para mantener la motivación a largo plazo. Pregúntate a ti mismo: ¿Cuál es tu motivación central? Puede ser mejorar tu salud, fortalecer relaciones, alcanzar metas personales o vivir una vida más plena. Reflexiona sobre tus valores y prioridades, identificando aquello que te impulsa desde lo más profundo.

La razón poderosa actúa como tu ancla en los momentos difíciles. Puede ser la promesa de ser un mejor padre, recuperar la estabilidad emocional o simplemente disfrutar de la vida sin los efectos nocivos del alcohol.

Anota tu razón en un lugar visible para recordarte constantemente el propósito detrás de tu decisión.

1.2 Visualiza un Futuro Libre de Alcohol

Cierra los ojos e imagina tu vida sin el peso del alcohol. Visualiza los momentos felices, la claridad mental y las relaciones renovadas. Al crear una imagen vívida de tu futuro sin alcohol, estás programando tu mente para abrazar el cambio. Visualiza tus logros, tus relaciones fortalecidas y cómo te sentirás física y emocionalmente.

Esta visualización positiva refuerza tu motivación al proporcionar un recordatorio tangible de los beneficios que esperas alcanzar. No subestimes el poder de la imaginación; la mente es una herramienta poderosa que puede influir en tus acciones. A medida que visualizas un futuro sobrio, estás sembrando las semillas del cambio en tu subconsciente.

1.3 Rompiendo Mitos sobre la Diversión

Muchas veces, el alcohol se asocia erróneamente con la diversión y la relajación. Es importante desafiar estos mitos para cambiar tu perspectiva sobre la vida sin alcohol. La verdadera diversión no depende de una copa en la mano, sino de las experiencias auténticas y las conexiones significativas.

Rompe con la creencia de que necesitas alcohol para disfrutar de eventos sociales. Experimenta nuevas actividades, descubre pasatiempos que te apasionen y explora la diversidad de la vida sin depender del alcohol. Al hacerlo, descubrirás que la diversión genuina proviene de la autenticidad y el disfrute del momento presente.

En resumen, descubrir tu motivación, visualizar un futuro sin alcohol y desafiar los mitos sobre la diversión son pasos cruciales en tu viaje hacia la sobriedad. Al comprometerte a entender y nutrir tu motivación, estarás construyendo la base sólida necesaria para dejar el alcohol para siempre. En el siguiente capítulo, exploraremos en detalle la esencia de la adicción al alcohol y cómo comprenderla puede fortalecer tu determinación.

Para ilustrar la importancia de encontrar una motivación poderosa, permíteme compartirte la historia inspiradora de Ana, una mujer valiente que logró vencer el alcoholismo transformando su vida a través de una motivación profunda.

Ana, una madre de dos hijos, se encontraba atrapada en el ciclo destructivo del alcoholismo. Su salud estaba deteriorándose, y las relaciones con su familia estaban en peligro. Después de años de intentos fallidos por dejar de beber, Ana decidió buscar una razón que la impulsara a cambiar su vida.

Ana reflexionó sobre su vida y descubrió que su razón poderosa estaba arraigada en el deseo de ser una madre presente y saludable para sus hijos. Su motivación era proporcionarles un hogar estable y ejemplificarles la importancia de la fortaleza y la superación personal.

Al encontrar esta razón poderosa, Ana tenía ahora un propósito claro que la guiaba en su viaje hacia la sobriedad. Cada vez que se enfrentaba a la tentación, recordaba la promesa que se hizo a sí misma y a sus hijos: construir un futuro lleno de amor y estabilidad.

Ana empezó a visualizar un futuro lleno de momentos significativos con sus hijos, donde la risa y la alegría reinaban sin la sombra del alcohol. Imaginaba paseos familiares, noches de juegos y conversaciones honestas sin la interferencia de la dependencia alcohólica. Esta visión le brindaba la fuerza necesaria para resistir la tentación.

Su mente, antes dominada por la adicción, se llenó de imágenes positivas de un futuro sin el lastre del alcohol. Cada día, Ana se esforzaba por convertir esas visiones en realidad, construyendo paso a paso el futuro que se merecía.

Ana desafió el mito de que el alcohol era esencial para la diversión. Buscó nuevas actividades que le brindaran satisfacción y descubrió que la verdadera diversión estaba en la conexión genuina con sus seres queridos. Participó en eventos sociales sin la necesidad de una copa en la mano, encontrando una alegría auténtica en la sobriedad.

La historia de Ana demuestra que al encontrar una razón poderosa, visualizar un futuro sin alcohol y desafiar los mitos sobre la diversión, es posible superar el alcoholismo y construir una vida plena. Su viaje es un recordatorio de que, con determinación y una motivación profunda, se pueden superar los desafíos más difíciles. En el siguiente capítulo, exploraremos la esencia de la adicción al alcohol y cómo comprenderla puede fortalecer tu determinación.

Capítulo 2: Entendiendo la Adicción al Alcohol

El camino hacia la recuperación del alcoholismo comienza con una comprensión profunda de la naturaleza de la adicción al alcohol. En este capítulo, exploraremos cómo desmitificar la dependencia, entender el ciclo de la adicción y la importancia del autoconocimiento son esenciales para forjar un camino hacia la sobriedad duradera.

2.1 Desmitificando la Dependencia

La dependencia al alcohol a menudo se rodea de mitos y malentendidos que pueden dificultar el proceso de recuperación. Desmitificar la dependencia implica reconocerla como una enfermedad, no como una falta de voluntad o carácter. La adicción al alcohol afecta la química cerebral y altera la capacidad de controlar el consumo.

Es crucial comprender que la dependencia no es un signo de debilidad moral, sino un desafío que muchos enfrentan. Al eliminar el estigma asociado, puedes liberarte para buscar ayuda sin sentirte avergonzado. Aceptar que la dependencia es tratable y que la recuperación es posible es el primer paso hacia la comprensión y la curación.

2.2 El Ciclo de la Adicción

La adicción al alcohol sigue un ciclo destructivo que incluye la fase de consumo, la pérdida de control y la búsqueda compulsiva de alcohol. Comprender este ciclo es esencial para interrumpir el patrón y avanzar hacia la recuperación.

En la fase de consumo, el individuo busca la sensación placentera inicial del alcohol. Sin embargo, la pérdida de control sigue rápidamente, llevando a un consumo excesivo y a menudo irresponsable. La búsqueda compulsiva sigue, donde el deseo de alcohol domina los pensamientos y comportamientos, a menudo a pesar de las consecuencias negativas.

Identificar en qué etapa del ciclo te encuentras te brinda una perspectiva clara de tu relación con el alcohol. Al entender los patrones, puedes tomar medidas proactivas para romper el ciclo y evitar recaídas. La autoobservación es clave para reconocer las señales tempranas y tomar decisiones informadas.

2.3 La Importancia del Autoconocimiento

El autoconocimiento desempeña un papel fundamental en la superación de la adicción al alcohol. Entender tus desencadenantes, emociones subyacentes y patrones de comportamiento te proporciona las herramientas necesarias para abordar la raíz del problema.

La práctica regular de la autoevaluación te permite identificar situaciones de riesgo y desarrollar estrategias para afrontarlas. El autoconocimiento también implica explorar las razones detrás del consumo de alcohol, ya sea como mecanismo de afrontamiento o como una forma de escape.

El proceso de autoconocimiento puede ser desafiante, pero es un componente esencial para construir una base sólida para la recuperación. La terapia, el apoyo de grupos y la reflexión personal son herramientas valiosas en este viaje hacia la comprensión y la transformación personal.

En resumen, desmitificar la dependencia, entender el ciclo de la adicción y cultivar el autoconocimiento son pasos esenciales en el camino hacia la sobriedad. En el siguiente capítulo, exploraremos cómo evaluar el impacto del alcohol en la salud mental y cómo abordar estos aspectos cruciales en el viaje de recuperación.

En un pequeño pueblo, vivía Marta, una mujer trabajadora y apasionada por la vida. Sin embargo, su vida estaba marcada por una sombra persistente: la dependencia al alcohol. A pesar de sus esfuerzos por ocultar su consumo excesivo, Marta se encontraba atrapada en un ciclo adictivo que afectaba su salud y sus relaciones y su bienestar emocional.

Marta, al principio, luchaba con la percepción de que su dependencia al alcohol era simplemente una debilidad personal. La presión social y el estigma la hacían sentir que no tenía el derecho de buscar ayuda. Sin embargo, un día, después de leer sobre la verdadera naturaleza de la adicción, Marta decidió desmitificar su propia dependencia. Se dio cuenta de que no estaba sola y que la adicción al alcohol era una enfermedad que requería tratamiento.

Armada con este nuevo entendimiento, Marta comenzó a compartir su historia con amigos cercanos, desafiando el estigma asociado a la dependencia. Al hacerlo, se liberó de la vergüenza que la había mantenido prisionera y abrazó la idea de que buscar ayuda no era una muestra de debilidad, sino de valentía.

Marta reconocía el patrón destructivo en su vida: días de consumo aparentemente bajo control seguidos de episodios de pérdida de control total. Este ciclo repetitivo la llevaba a la búsqueda compulsiva de alcohol, a pesar de los efectos devastadores en su trabajo y relaciones personales.

Decidida a romper este ciclo, Marta buscó la ayuda de un terapeuta especializado en adicciones. A través de la terapia, identificó desencadenantes emocionales que contribuían al ciclo adictivo. Aprendió a reconocer las señales de advertencia y a implementar estrategias para interrumpir el patrón antes de que empeorara.

Durante su proceso de recuperación, Marta se sumergió en la exploración de sí misma. Descubrió que su dependencia al alcohol estaba vinculada a traumas no resueltos y a la falta de herramientas efectivas para manejar el estrés. A través del autoconocimiento, Marta comenzó a comprender las raíces profundas de su adicción.

Con el apoyo de su terapeuta, Marta desarrolló estrategias de afrontamiento saludables y prácticas de autoevaluación diaria. A medida que se adentraba en su propio ser, Marta fortalecía su determinación para superar la adicción y construir un futuro libre de alcohol.

La historia de Marta destaca cómo el entendimiento de la dependencia, la identificación del ciclo adictivo y la búsqueda del autoconocimiento pueden transformar vidas. En el próximo capítulo, exploraremos cómo evaluar el impacto del alcohol en la salud mental y cómo abordar estos aspectos esenciales en el camino hacia la recuperación.

Capítulo 3: Evaluando el Impacto en la Salud

El camino hacia la recuperación del alcoholismo requiere una evaluación honesta y profunda del impacto que el alcohol ha tenido en tu salud. En este capítulo, exploraremos los efectos físicos del consumo excesivo, la relación entre la salud mental y el alcoholismo, así como la conexión entre el alcohol y las enfermedades crónicas.

3.1 Efectos Físicos del Consumo Excesivo

El consumo excesivo de alcohol puede tener consecuencias devastadoras para la salud física. Desde el sistema cardiovascular hasta el hígado, cada órgano puede sufrir daños significativos debido al abuso prolongado de alcohol.

El hígado, especialmente vulnerable, puede desarrollar cirrosis, una condición irreversible que compromete su función. Además, el sistema cardiovascular se ve afectado, aumentando el riesgo de hipertensión y enfermedades cardíacas. Problemas gastrointestinales, daño cerebral y compromiso del sistema inmunológico son solo algunas de las otras consecuencias físicas del consumo excesivo.

Reconocer estos efectos físicos es esencial para motivar el cambio. La toma de conciencia sobre cómo el alcohol afecta directamente la salud física puede ser un catalizador poderoso para aquellos que buscan dejar atrás la adicción.

3.2 La Salud Mental y el Alcoholismo

El vínculo entre la salud mental y el alcoholismo es complejo y bidireccional. Si bien el alcohol a menudo se utiliza como un mecanismo de afrontamiento para lidiar con el estrés y la ansiedad, también puede exacerbar problemas mentales existentes o desencadenar trastornos como la depresión.

El alcohol, inicialmente buscado para aliviar tensiones emocionales, puede convertirse en un factor que contribuye al deterioro de la salud mental. La dependencia puede crear un círculo vicioso donde el alcohol se convierte en una fuente de problemas en lugar de una solución.

Abordar la salud mental es un componente crucial en el proceso de recuperación. Buscar el apoyo de profesionales de la salud mental, junto con la abstinencia del alcohol, puede ser un enfoque integral para restaurar tanto la salud física como mental.

3.3 La Relación entre el Alcohol y las Enfermedades Crónicas

El consumo crónico de alcohol está asociado con un aumento significativo en el riesgo de desarrollar enfermedades crónicas. Desde enfermedades hepáticas hasta diversos tipos de cáncer, la relación entre el alcohol y las enfermedades crónicas es innegable.

El riesgo de enfermedades cardiovasculares, diabetes tipo 2 y problemas respiratorios también se incrementa con el consumo regular y excesivo de alcohol. Estas enfermedades además de afectar la calidad de vida, reducen la esperanza de vida de quienes luchan contra la adicción.

Reconocer la conexión entre el alcohol y las enfermedades crónicas proporciona una perspectiva a largo plazo sobre los riesgos asociados con la adicción. Este conocimiento puede ser un poderoso motivador para buscar un cambio en el estilo de vida y adoptar decisiones más saludables.

En resumen, evaluar el impacto del alcohol en la salud implica comprender los efectos físicos del consumo excesivo, reconocer la interrelación entre la salud mental y el alcoholismo, así como comprender la conexión directa entre el alcohol y las enfermedades crónicas. En el siguiente capítulo, exploraremos cómo reconocer los signos tempranos de la dependencia y la importancia de mantener conversaciones abiertas y honestas sobre el consumo de alcohol.

En el tranquilo pueblo de San Miguel, vivía Juan, un hombre de mediana edad que, sin darse cuenta, había caído en las garras del alcoholismo. Aunque solía ser enérgico y saludable, el paso del tiempo y su consumo excesivo de alcohol comenzaron a dejar huellas profundas en su salud física y mental.

Juan, un amante de la vida social, se encontraba frecuentemente en reuniones donde el alcohol fluía libremente. Sus amigos solían alabar su resistencia al alcohol, pero lo que no veían era el impacto silencioso en su salud física. Su hígado, vital para su bienestar general, estaba sufriendo las consecuencias de años de consumo excesivo.

Un día, Juan experimentó síntomas alarmantes: fatiga persistente, dolores abdominales y coloración amarillenta en su piel. Asustado por estos signos, buscó la ayuda de un médico que le reveló el daño considerable en su hígado. Este diagnóstico fue un llamado de atención, una advertencia clara de que la salud física de Juan estaba en peligro inminente.

A medida que los problemas físicos de Juan se intensificaban, su salud mental también se veía afectada. Las noches de insomnio y la ansiedad se volvieron constantes, y Juan recurrió al alcohol como una vía de escape. Lo que antes parecía ser un refugio, ahora se había transformado en una trampa que exacerbaba sus problemas emocionales.

La conexión entre la salud mental y el alcoholismo se volvía más evidente para Juan. Se dio cuenta de que, en lugar de ser una solución, el alcohol estaba contribuyendo al círculo vicioso de sus desafíos emocionales. Decidió buscar apoyo profesional para abordar tanto su salud mental como su dependencia al alcohol.

Con el tiempo, Juan fue informado sobre la relación directa entre el alcohol y las enfermedades crónicas. Su médico le explicó cómo el consumo continuo y excesivo aumentaba significativamente el riesgo de desarrollar enfermedades cardíacas y problemas respiratorios, además de agravar las condiciones preexistentes como la diabetes.

Esta revelación impactó a Juan profundamente. Comprendió que, si no tomaba medidas inmediatas, las enfermedades crónicas podrían convertirse en una realidad inevitable en su vida. Fue en ese momento que tomó la decisión consciente de cambiar su enfoque y adoptar un estilo de vida más saludable.

La historia de Juan destaca cómo el consumo excesivo de alcohol puede tener repercusiones graves en la salud física y mental. A través de la comprensión de estos impactos, Juan encontró la motivación necesaria para emprender un viaje de recuperación. En el próximo capítulo, exploraremos la importancia de reconocer los signos tempranos de la dependencia y cómo mantener conversaciones abiertas y honestas puede ser el primer paso hacia la transformación.

Capítulo 4: Reconociendo los Signos Tempranos

El reconocimiento de los signos tempranos de la dependencia al alcohol es esencial para iniciar el camino hacia la recuperación. En este capítulo, exploraremos cómo identificar patrones de consumo, comprender los factores desencadenantes y la importancia de mantener conversaciones abiertas y honestas en el proceso de reconocimiento.

4.1 Identificando Patrones de Consumo

El primer paso para reconocer la dependencia al alcohol es observar de cerca los patrones de consumo. Esto implica prestar atención a la frecuencia, la cantidad y las circunstancias que rodean el consumo de alcohol. Pregúntate a ti mismo si has notado un aumento gradual en el consumo o si el alcohol se ha convertido en una constante en diversas situaciones de tu vida.

El consumo excesivo, la incapacidad para limitarse, la necesidad de aumentar la cantidad para experimentar los mismos efectos y la presencia de síntomas de abstinencia son signos clave de la dependencia. Mantener un diario del consumo puede ser una herramienta útil para visualizar patrones y reconocer cambios en el comportamiento.

4.2 Factores Desencadenantes

Los factores desencadenantes son situaciones, emociones o eventos que pueden impulsar el deseo de consumir alcohol. Identificar estos desencadenantes es crucial para entender la relación entre el estado emocional y el consumo de alcohol. Los desencadenantes pueden variar desde el estrés laboral hasta situaciones sociales, y su reconocimiento proporciona una oportunidad para desarrollar estrategias de afrontamiento más saludables.

Observa cómo reaccionas ante el estrés, la tristeza o la felicidad. Si encuentras que recurres al alcohol como respuesta automática a ciertas situaciones, es una señal de alerta. El reconocimiento de los factores desencadenantes te empodera para abordar las causas subyacentes de tu consumo y adoptar enfoques alternativos para manejar las emociones.

4.3 Conversaciones Abiertas y Honestas

El diálogo abierto y honesto, tanto contigo mismo como con aquellos que te rodean, es fundamental en el proceso de reconocimiento. Hablar abiertamente sobre tu relación con el alcohol puede desmitificar la dependencia y crear un entorno de apoyo. Compartir tus preocupaciones y experiencias con amigos cercanos, familiares o profesionales de la salud puede brindarte una perspectiva valiosa y el apoyo necesario.

Fomentar la apertura en la comunicación también implica estar dispuesto a escuchar. Aquellos que te rodean pueden haber notado cambios en tu comportamiento antes de que tú mismo lo hagas. Sus perspectivas pueden ser esenciales para obtener una visión completa de la situación y para establecer una red de apoyo sólida.

Reconocer los signos tempranos de la dependencia al alcohol es un acto valiente que marca el comienzo del viaje hacia la recuperación. Identificar patrones de consumo, comprender los factores desencadenantes y mantener conversaciones abiertas y honestas son pasos cruciales en este proceso. En el próximo capítulo, exploraremos cómo preparar tu entorno para el cambio y construir un sistema de apoyo sólido que te respalde en tu viaje hacia la sobriedad duradera.

En el bullicioso barrio de La Esperanza, vivía Sofía, una joven trabajadora con una carrera prometedora. Aunque aparentemente exitosa, Sofía comenzó a notar cambios sutiles en su relación con el alcohol que no podía ignorar.

Sofía solía disfrutar de una copa de vino ocasional en eventos sociales. Sin embargo, con el tiempo, esa copa ocasional se convirtió en una rutina diaria. Lo que comenzó como un hábito para relajarse después del trabajo se transformó gradualmente en una necesidad diaria.

Al reflexionar sobre su consumo, Sofía se dio cuenta de que sus límites se habían vuelto borrosos. El vino ya no era una elección ocasional; era una respuesta automática a cualquier tipo de estrés o presión. Mantener un diario de su consumo le permitió visualizar la evolución de sus hábitos y reconocer patrones preocupantes que antes no había percibido.

Sofía también identificó factores desencadenantes en su vida que la llevaban a buscar refugio en el alcohol. La presión en el trabajo, las expectativas sociales y las tensiones personales se volvieron desencadenantes constantes para su consumo. Cada vez que se enfrentaba a un desafío, recurría al alcohol como una manera rápida de aliviar el estrés.

Reconocer estos factores desencadenantes fue revelador para Sofía. La comprensión de que el alcohol se había convertido en una muleta emocional la impulsó a buscar enfoques más saludables para afrontar los desafíos de la vida.

Con el reconocimiento de sus patrones de consumo y factores desencadenantes, Sofía decidió tener una conversación abierta y honesta consigo misma y con sus seres queridos. Hablar con sus amigos cercanos y su familia sobre sus preocupaciones y experiencias alivió la carga emocional y proporcionó el apoyo necesario.

Durante estas conversaciones, Sofía descubrió que aquellos a quienes amaba habían notado los cambios en su comportamiento antes de que ella misma los reconociera. Estas interacciones abiertas y sinceras fortalecieron los lazos con sus seres queridos, e incluso marcaron el comienzo de un sistema de apoyo esencial en su viaje hacia la sobriedad.

La historia de Sofía destaca la importancia de reconocer los signos tempranos de la dependencia. Al identificar patrones de consumo, comprender los factores desencadenantes y mantener conversaciones abiertas y honestas, Sofía inició un camino de autoexploración y transformación.

En el siguiente capítulo, exploraremos cómo preparar el entorno para el cambio y construir un sistema de apoyo sólido para respaldar el viaje hacia la sobriedad.

Capítulo 5: Preparando tu Entorno para el Cambio

Preparar tu entorno para el cambio es un paso crucial en el camino hacia la sobriedad. Este capítulo explora cómo eliminar tentaciones en casa, comunicar tus metas a tus seres queridos y construir un sistema de apoyo sólido para respaldar tu viaje hacia una vida libre de alcohol.

5.1 Eliminando Tentaciones en Casa

Tu entorno juega un papel fundamental en tu capacidad para mantener la sobriedad. Eliminar tentaciones en casa implica deshacerte de cualquier alcohol que tengas almacenado y crear un espacio que respalde tu nueva vida sin la influencia del alcohol. Desecha las bebidas alcohólicas restantes y evita su compra en el futuro cercano.

Reorganiza tu entorno para minimizar las situaciones que podrían desencadenar el deseo de beber. Guarda utensilios de bar y copas de vino fuera de la vista, y en su lugar, llena tu hogar con alternativas saludables, como agua, jugos naturales y tés. Crear un espacio libre de tentaciones te brindará un ambiente propicio para el cambio positivo.

5.2 Comunicando tus Metas a tus Seres Queridos

Comunicar abierta y honestamente tus metas a tus seres queridos es esencial para construir un sistema de apoyo efectivo. Explica tu decisión de dejar el alcohol y comparte las razones detrás de esta elección. Al hacerlo, involucras a tus seres queridos en tu proceso de cambio y les proporcionas una comprensión clara de tus objetivos.

Establecer expectativas claras sobre tus límites y necesidades es crucial. Si ciertos eventos o situaciones son desencadenantes para ti, comunica estos límites a tus seres queridos para que puedan ofrecer su apoyo de manera consciente. La comunicación abierta fomenta la comprensión y fortalece los lazos que te unen a quienes te rodean.

5.3 Construyendo un Sistema de Apoyo

Construir un sistema de apoyo sólido es clave para enfrentar los desafíos en tu camino hacia la sobriedad. Identifica a las personas en tu vida que están dispuestas a brindarte apoyo incondicional. Esto puede incluir amigos, familiares, terapeutas o miembros de grupos de apoyo. Comparte tus metas con ellos y explícales cómo pueden ayudarte.

Participar en grupos de apoyo, como Alcohólicos Anónimos, te conectará con personas que han pasado por experiencias similares y pueden ofrecer orientación valiosa. La empatía y la comprensión de aquellos que han superado la dependencia pueden ser fundamentales en tu propio viaje.

Además, considera buscar la ayuda de profesionales de la salud mental y asesores de adicciones. Estos expertos pueden ofrecer orientación personalizada y estrategias específicas para afrontar los desafíos únicos que enfrentas.

Construir un sistema de apoyo sólido proporciona ayuda práctica, asimismo te rodea de personas que creen en tu capacidad para cambiar. Saber que no estás solo en tu viaje puede ser un motivador poderoso cuando enfrentas momentos difíciles.

En resumen, preparar tu entorno para el cambio implica eliminar tentaciones en casa, comunicar tus metas a tus seres queridos y construir un sistema de apoyo sólido. Al crear un entorno que respalde tu sobriedad y rodearte de personas que te apoyen, estarás mejor equipado para enfrentar los desafíos y lograr una vida libre de alcohol. En el siguiente capítulo, exploraremos estrategias efectivas para mantener la motivación y superar los obstáculos en tu camino hacia la recuperación.

En un tranquilo vecindario, vivía Pablo, un joven que había tomado la decisión valiente de dejar atrás su dependencia al alcohol. Con determinación, comenzó a implementar cambios significativos en su entorno para apoyar su viaje hacia la sobriedad.

La casa de Pablo solía albergar una variedad de bebidas alcohólicas. Antes de iniciar su proceso de recuperación, se embarcó en una misión para eliminar las tentaciones en su hogar. Vació su despensa y nevera de cualquier bebida alcohólica restante, deshaciéndose de botellas de vino y cerveza. También guardó utensilios de bar fuera de la vista para reducir las señales visuales que podrían desencadenar el deseo de beber.

Este acto simbólico transformó físicamente su espacio, incluso representó un compromiso tangible con su nueva vida sobria. La eliminación de tentaciones en casa creó un ambiente propicio para la claridad mental y el cambio positivo.

Pablo entendía la importancia de tener un sistema de apoyo sólido, y para construirlo, decidió comunicar abierta y honestamente sus metas a sus seres queridos. Se sentó con su familia y amigos cercanos para compartir las razones detrás de su decisión de dejar el alcohol y explicar cómo podrían ayudarlo en este viaje.

La comunicación abierta fortaleció los lazos con sus seres queridos, quienes, al comprender sus objetivos, se convirtieron en una fuente valiosa de apoyo emocional. Saber que no estaba solo en su búsqueda de sobriedad le brindó la confianza necesaria para enfrentar los desafíos que se avecinaban.

Además de contar con el apoyo de su familia y amigos, Pablo se unió a un grupo local de Alcohólicos Anónimos. Aquí, compartió sus experiencias con personas que habían superado desafíos similares. Este grupo se convirtió en un pilar fundamental de su sistema de apoyo, brindándole orientación y comprensión en momentos cruciales.

Pablo también buscó la ayuda de un terapeuta especializado en adicciones, quien proporcionó orientación personalizada y estrategias específicas para afrontar los desafíos únicos que enfrentaba. La combinación de apoyo emocional y orientación profesional creó un sistema integral que respaldaba su camino hacia la sobriedad.

La historia de Pablo destaca cómo preparar el entorno para el cambio puede ser transformador. Al eliminar tentaciones en casa, comunicar metas a los seres queridos y construir un sistema de apoyo sólido, Pablo sentó las bases para una recuperación exitosa. En el próximo capítulo, exploraremos estrategias efectivas para mantener la motivación y superar los obstáculos en el viaje hacia la recuperación continua.

Capítulo 6: Desarrollando Estrategias para Afrontar el Estrés

Afrontar el estrés de manera saludable es esencial en el camino hacia la sobriedad. En este capítulo, exploraremos alternativas saludables al alcohol, prácticas efectivas de manejo del estrés y la importancia de dedicar tiempo para uno mismo en el proceso de recuperación.

6.1 Alternativas Saludables al Alcohol

Uno de los desafíos al dejar el alcohol es encontrar alternativas saludables para gestionar el estrés y disfrutar de momentos de relajación. Experimentar con bebidas no alcohólicas sabrosas y estimulantes puede ser una manera efectiva de satisfacer el deseo de disfrutar de un ritual social sin recurrir al alcohol.

Jugos naturales, infusiones de hierbas, agua con gas y bebidas sin alcohol pueden ser opciones refrescantes. Explora nuevas combinaciones de sabores para descubrir qué opciones te brindan placer sin los efectos negativos asociados con el alcohol. Tener alternativas saludables a mano puede cambiar tu enfoque y contribuir a la construcción de un estilo de vida sobrio y equilibrado.

6.2 Prácticas de Manejo del Estrés

El estrés es una parte inevitable de la vida, pero cómo lo enfrentas marca la diferencia en tu viaje hacia la sobriedad. Desarrollar prácticas efectivas de manejo del estrés puede ayudarte a enfrentar las tensiones diarias sin recurrir al alcohol.

La meditación y la atención plena son herramientas poderosas que te permiten mantener la calma en situaciones estresantes. Establece rutinas diarias de meditación para centrarte y reducir la ansiedad. La práctica regular de la atención plena te conecta con el momento presente, disminuyendo la necesidad de buscar escape en el alcohol.

El ejercicio regular también es una forma efectiva de liberar tensiones y mejorar tu bienestar emocional. Ya sea caminar, correr, practicar yoga o participar en deportes, encontrar una actividad física que disfrutes puede ser clave para gestionar el estrés de manera positiva.

6.3 La Importancia del Tiempo para Ti Mismo

Dedicar tiempo para ti mismo es esencial en el proceso de recuperación. El estrés puede acumularse cuando te descuidas a ti mismo, y buscar maneras de nutrir tu bienestar emocional es fundamental.

Encuentra actividades que te brinden alegría y tranquilidad. Puede ser leer, escuchar música, practicar un hobby o simplemente dar un paseo al aire libre. Establece límites saludables en tu vida para evitar el agotamiento y asegurarte de que haya tiempo para el autocuidado.

La terapia individual también puede ser beneficioso. Hablar con un profesional de la salud mental te proporciona un espacio seguro para explorar tus pensamientos y emociones, desarrollando estrategias personalizadas para manejar el estrés sin depender del alcohol.

En resumen, desarrollar estrategias para afrontar el estrés implica encontrar alternativas saludables al alcohol, adoptar prácticas efectivas de manejo del estrés y dedicar tiempo para ti mismo. Estas herramientas te empoderarán para enfrentar los desafíos de la vida sin recurrir a la dependencia del alcohol. En el próximo capítulo, exploraremos cómo mantener la motivación a largo plazo y celebrar los logros en el viaje hacia la sobriedad continua.

En un pequeño pueblo llamado Serenidad, vivía Laura, una mujer que había decidido dejar atrás su relación tóxica con el alcohol. Al principio, Laura enfrentó desafíos al lidiar con el estrés sin recurrir a su antiguo refugio, pero con el tiempo, desarrolló estrategias efectivas para afrontar las tensiones cotidianas.

Laura, consciente de la necesidad de encontrar alternativas saludables al alcohol, se sumergió en la exploración de bebidas sin alcohol que pudieran satisfacer su deseo de disfrutar momentos sociales. Descubrió la alegría de preparar cócteles sin alcohol con jugos frescos, soda y hierbas aromáticas. Estas opciones además de satisfacer su paladar, se convirtieron en una forma de compartir momentos especiales con amigos sin comprometer su sobriedad.

Para abordar el estrés, Laura adoptó prácticas de manejo efectivas. Incorporó la meditación y la atención plena en su rutina diaria, dedicando unos minutos cada mañana para centrarse en su respiración y calmar su mente. Este ritual la ayudó a reducir la ansiedad y le proporcionó un momento de paz antes de enfrentar las demandas del día.

El ejercicio se convirtió en otra piedra angular de las estrategias de Laura para manejar el estrés. Descubrió la serenidad que venía con largas caminatas por el parque y sesiones de yoga tranquilas. El movimiento físico se convirtió en una liberación para las tensiones acumuladas, fortaleciendo tanto su cuerpo como su resiliencia emocional.

Dedicar tiempo para sí misma se convirtió en una prioridad para Laura. Encontró refugio en la lectura, sumergiéndose en libros que la transportaban a mundos lejanos. También se aventuró en la jardinería, cultivando un pequeño espacio verde que se convirtió en su santuario personal. Estas actividades proporcionaron una válvula de escape sino que también le recordaron a Laura la importancia de cuidarse a sí misma.

Además, Laura buscó apoyo terapéutico para explorar más a fondo sus emociones y desarrollar estrategias adicionales para manejar el estrés. Establecer un espacio seguro para hablar abiertamente sobre sus experiencias fue fundamental en su proceso de recuperación.

La historia de Laura destaca cómo el desarrollo de estrategias para afrontar el estrés puede transformar la vida de alguien en recuperación. Al encontrar alternativas saludables al alcohol, adoptar prácticas efectivas de manejo del estrés y dedicar tiempo para uno mismo, Laura construyó un camino sólido hacia la sobriedad duradera. En el próximo capítulo, exploraremos cómo mantener la motivación a largo plazo y celebrar los logros en el viaje hacia la sobriedad continua.

Capítulo 7: Estableciendo Objetivos Realistas

En el proceso de recuperación del alcoholismo, establecer objetivos realistas es fundamental para construir un camino sostenible hacia la sobriedad. En este capítulo, exploraremos la importancia de definir metas a corto y largo plazo, celebrar los pequeños logros y adaptarse a los desafíos inesperados en el viaje hacia una vida libre de alcohol.

7.1 Definiendo Metas a Corto y Largo Plazo

La definición de metas claras y alcanzables es esencial para mantenerte enfocado y motivado en tu viaje hacia la sobriedad. Establecer metas a corto plazo te permite celebrar logros más frecuentemente, creando una sensación de progresión constante.

Las metas a corto plazo pueden incluir alcanzar ciertos hitos de sobriedad, participar regularmente en actividades alternativas al alcohol o completar programas de apoyo. Estas metas proporcionan victorias tangibles que refuerzan tu compromiso y te muestran que el cambio es posible.

Las metas a largo plazo, por otro lado, te brindan una visión más amplia de tu viaje hacia la sobriedad. Pueden incluir la construcción de relaciones más saludables, el logro de metas profesionales o la mejora continua de tu bienestar emocional. Estas metas más amplias actúan como faros que te guían hacia una vida significativa y plena.

7.2 Celebrando los Pequeños Logros

En el camino hacia la sobriedad, cada pequeño logro es una victoria que merece ser celebrada. Desde superar la tentación en una reunión social hasta completar una semana sin consumir alcohol, estos logros representan momentos cruciales de fortaleza y determinación.

Celebrar los pequeños logros refuerza positivamente tu compromiso y fomenta una mentalidad de gratitud. Puede ser tan simple como reconocer internamente tus esfuerzos o compartir tus éxitos con tu sistema de apoyo. Estas celebraciones reconocen tu progreso, y actúan como recordatorios constantes de tu capacidad para superar los desafíos.

7.3 Adaptándote a los Desafíos Inesperados

En el camino hacia la sobriedad, es inevitable enfrentar desafíos inesperados. Pueden surgir situaciones estresantes, tentaciones repentinas o momentos de debilidad emocional. La clave para mantener la sobriedad es aprender a adaptarse a estos desafíos sin perder de vista tus metas a largo plazo.

Desarrolla estrategias específicas para afrontar situaciones difíciles. Puede incluir técnicas de manejo del estrés, la búsqueda de apoyo adicional o la revisión de tus metas para recordarte por qué decidiste embarcarte en este viaje. La adaptabilidad es una habilidad valiosa que te permite superar obstáculos y seguir avanzando hacia una vida libre de alcohol.

Reconoce que los desafíos son parte integral del proceso y que superarlos fortalecerá tu resiliencia. Aprender a adaptarte a las circunstancias imprevistas te equipa con las herramientas necesarias para mantener tu compromiso a largo plazo.

En resumen, establecer objetivos realistas implica definir metas a corto y largo plazo, celebrar los pequeños logros y adaptarse a los desafíos inesperados. Al hacerlo, construyes una base sólida para tu recuperación y te posicionas para una vida plena y sobria. En el próximo capítulo, exploraremos la importancia de cultivar relaciones saludables y construir una red de apoyo que te respalde en cada paso del camino.

En el bullicioso centro de la ciudad vivía Marta, una mujer valiente que se propuso dejar atrás su dependencia al alcohol. Con el apoyo de su familia y amigos, Marta trazó un camino hacia la sobriedad, aprendiendo a establecer objetivos realistas a lo largo de su viaje.

Marta, al comenzar su viaje de recuperación, se propuso metas a corto plazo que pudieran medirse de manera realista. Estableció objetivos diarios, como resistir la tentación de tomar una copa en casa después del trabajo, y logró metas semanales, como participar activamente en reuniones de apoyo.

A medida que ganaba confianza y fortaleza, Marta comenzó a definir metas a largo plazo que representaran sus aspiraciones para el futuro. Su enfoque cambió de simplemente abstenerse del alcohol a construir una vida más plena y equilibrada, estableciendo objetivos como mejorar sus relaciones personales y avanzar en su carrera profesional.

Cada paso de Marta en su viaje hacia la sobriedad se celebró como un pequeño logro. Desde resistir la tentación en una fiesta hasta completar su primer mes sin consumir alcohol, Marta aprendió a reconocer y valorar cada victoria, sin importar cuán pequeña pudiera parecer.

Estas celebraciones le proporcionaron un impulso de confianza, aparte fortalecieron sus lazos con su sistema de apoyo. La gratitud y la celebración de los pequeños logros se convirtieron en una parte integral de su proceso de recuperación.

En el camino de Marta hacia la sobriedad, se encontró con desafíos inesperados que pusieron a prueba su resiliencia. En una ocasión, una situación estresante en el trabajo la tentó a recurrir al alcohol como una vía de escape. Sin embargo, Marta se adaptó rápidamente, utilizando técnicas de manejo del estrés aprendidas para enfrentar la situación de manera efectiva.

Los desafíos también sirvieron como recordatorios de la importancia de su compromiso con la sobriedad. En lugar de ver los contratiempos como obstáculos insuperables, Marta los consideró como oportunidades para aprender y crecer.

La historia de Marta destaca cómo establecer objetivos realistas puede transformar la experiencia de recuperación. Al definir metas a corto y largo plazo, celebrar los pequeños logros y adaptarse a los desafíos inesperados, Marta construyó un camino sólido hacia una vida plena y sobria. En el próximo capítulo, exploraremos la importancia de cultivar relaciones saludables y construir una red de apoyo que respalde cada paso del viaje hacia la sobriedad continua.

Capítulo 8: Superando las Crisis de Abstinencia

En el viaje hacia la sobriedad, enfrentar las crisis de abstinencia es un desafío que puede surgir, pero con estrategias adecuadas y apoyo, es posible superarlas. En este capítulo, exploraremos cómo manejar los síntomas físicos, abordar los desafíos emocionales y el papel crucial de la atención médica profesional en el proceso de superar las crisis de abstinencia.

8.1 Manejando Síntomas Físicos

Las crisis de abstinencia pueden manifestarse con síntomas físicos desafiantes, que varían en intensidad según la duración y la gravedad del consumo previo de alcohol. Desde temblores y sudoración hasta náuseas y dolores musculares, enfrentar estos síntomas puede ser abrumador.

Para manejar los síntomas físicos, es esencial adoptar un enfoque holístico. Mantenerse hidratado, seguir una dieta balanceada y practicar la actividad física regular puede ayudar a fortalecer el cuerpo y reducir la intensidad de los síntomas. La atención a la higiene del sueño también es crucial para facilitar la recuperación.

La conexión con un profesional de la salud puede proporcionar orientación específica y, en algunos casos, se pueden recetar medicamentos para aliviar ciertos síntomas. Sin embargo, siempre es importante buscar la orientación de un profesional médico antes de iniciar cualquier régimen de tratamiento.

8.2 Abordando Desafíos Emocionales

Las crisis de abstinencia no se limitan a los síntomas físicos; también pueden presentar desafíos emocionales significativos. Ansiedad, irritabilidad, depresión y cambios de humor son comunes durante este período. Desarrollar estrategias efectivas para abordar los desafíos emocionales es fundamental para mantener la sobriedad.

La terapia cognitivo-conductual (TCC) y la terapia de grupo son enfoques efectivos para abordar los aspectos emocionales de la recuperación. Estas terapias pueden ayudar a identificar patrones de pensamiento negativos, aprender habilidades de afrontamiento saludables y brindar apoyo emocional.

La práctica regular de técnicas de relajación, como la meditación y la respiración profunda, también puede ser beneficiosa para reducir la ansiedad y mejorar el bienestar emocional. Establecer rutinas diarias que fomenten la estabilidad emocional es esencial durante este período crítico.

8.3 El Papel de la Atención Médica Profesional

La atención médica profesional juega un papel crucial en el manejo de las crisis de abstinencia. Al buscar la guía de un profesional de la salud, se puede evaluar la gravedad de los síntomas y desarrollar un plan de tratamiento personalizado. Los medicamentos pueden ser recetados para aliviar síntomas específicos o prevenir complicaciones.

Es importante destacar que la atención médica profesional además de abordar los aspectos físicos de las crisis de abstinencia, también proporciona un espacio seguro para abordar los desafíos emocionales. Los profesionales de la salud están capacitados para comprender la complejidad de la recuperación y brindar el apoyo necesario para superar las crisis de abstinencia de manera efectiva.

En resumen, superar las crisis de abstinencia requiere un enfoque integral que aborde tanto los síntomas físicos como los desafíos emocionales. Manejar los síntomas físicos con prácticas saludables, abordar desafíos emocionales mediante terapia y buscar la atención médica profesional cuando sea necesario son pasos cruciales en el viaje hacia la sobriedad continua. En el próximo capítulo, exploraremos la importancia de cultivar relaciones saludables y construir una red de apoyo sólida en el proceso de recuperación.

En las afueras de la ciudad vivía Carlos, un hombre que tomó la valiente decisión de dejar atrás su dependencia al alcohol. A medida que se embarcaba en su viaje hacia la sobriedad, Carlos enfrentó desafíos significativos durante las crisis de abstinencia.

Las primeras semanas fueron difíciles para Carlos, ya que experimentó síntomas físicos intensos durante su proceso de desintoxicación. Temblores, sudoración excesiva y dolores musculares lo afectaron, haciendo que cada día fuera un desafío.

Para enfrentar estos síntomas, Carlos adoptó un enfoque holístico. Mantuvo una hidratación constante, se centró en una dieta balanceada y comenzó a realizar caminatas cortas diariamente. La actividad física suave ayudó a aliviar algunos de los síntomas y a mejorar su bienestar general.

La conexión con un profesional de la salud fue clave para abordar sus síntomas de manera más específica. Carlos recibió orientación sobre técnicas de manejo del estrés y, en consulta con su médico, se estableció un plan de tratamiento que incluía el uso temporal de medicamentos para aliviar los síntomas más severos.

Junto con los síntomas físicos, Carlos se enfrentó a desafíos emocionales considerables. La ansiedad y los cambios de humor lo afectaron profundamente. Para abordar estos desafíos, Carlos se unió a un grupo de terapia cognitivo-conductual donde compartía sus experiencias y aprendía estrategias para manejar sus emociones.

Además, incorporó técnicas de relajación, como la meditación, en su rutina diaria. La práctica regular de estas técnicas ayudó a Carlos a reducir la ansiedad, también lo conectó consigo mismo de una manera más profunda.

La atención médica profesional fue un pilar esencial en el viaje de Carlos. Su médico lo guió a lo largo del proceso, evaluando regularmente su progreso y ajustando su plan de tratamiento según fuera necesario. Las consultas regulares proporcionaron a Carlos el espacio para abordar sus preocupaciones y recibir el apoyo necesario.

El médico también se aseguró de que Carlos tuviera acceso a recursos adicionales, como grupos de apoyo y terapeutas especializados en adicciones. Esta red de apoyo ampliada fue crucial para abordar tanto los aspectos físicos como emocionales de las crisis de abstinencia.

A medida que pasaba el tiempo, Carlos experimentó una mejora constante. Superar las crisis de abstinencia fue un desafío, pero con la combinación adecuada de prácticas saludables, apoyo profesional y estrategias emocionales, Carlos pudo avanzar hacia la sobriedad continua. La historia de Carlos destaca la importancia de abordar las crisis de abstinencia de manera integral, reconociendo tanto los aspectos físicos como emocionales en el camino hacia la recuperación. En el próximo capítulo, exploraremos la importancia de cultivar relaciones saludables y construir una red de apoyo sólida en el proceso de recuperación.

Capítulo 9: Descubriendo Nuevos Pasatiempos y Actividades

Una parte fundamental del proceso de recuperación del alcoholismo es redescubrir la alegría y la plenitud en la vida cotidiana. En este capítulo, exploraremos cómo explorar intereses olvidados, integrar el ejercicio en tu rutina y construir una vida plena sin depender del alcohol.

9.1 Explorando Intereses Olvidados

El camino hacia la sobriedad ofrece la oportunidad de redescubrir pasiones y hobbies que pueden haber sido descuidados durante los días de consumo de alcohol. Es hora de explorar intereses olvidados y descubrir nuevas actividades que alimenten tu alma.

¿Recuerdas la guitarra que solías tocar o los pinceles y lienzos guardados en un rincón? Es el momento perfecto para volver a explorar estas actividades creativas. La música, el arte, la escritura o cualquier otra forma de expresión artística pueden convertirse en fuentes de inspiración y realización.

Además, considera participar en actividades comunitarias o voluntariado. Contribuir al bienestar de los demás te conecta con tu comunidad, asimismo te brinda una sensación de propósito y satisfacción.

9.2 Integrando el Ejercicio en tu Rutina

El ejercicio regular es beneficioso para la salud física, incluso tiene un impacto positivo en el bienestar emocional y mental. Integrar el ejercicio en tu rutina diaria es una forma poderosa de fortalecer tu cuerpo y tu mente mientras te alejas del alcohol.

Encuentra una actividad física que disfrutes, ya sea caminar, correr, nadar, practicar yoga o bailar. La clave es elegir algo que te motive y te divierta. Establece metas realistas y comienza lentamente, aumentando gradualmente la intensidad a medida que aumenta tu condición física.

El ejercicio libera endorfinas que mejoran el estado de ánimo, sino que también te brinda una sensación de logro y control sobre tu cuerpo. Además, puede ser una excelente manera de socializar, ya sea uniéndote a clases grupales o ejercitándote al aire libre con amigos.

9.3 Construyendo una Vida Plena sin Alcohol

La vida sin alcohol está llena de oportunidades para la plenitud y el crecimiento personal. Es importante enfocarse en construir una vida significativa y satisfactoria que no dependa del consumo de alcohol.

Establece metas claras y alcanzables en diferentes áreas de tu vida, como relaciones personales, carrera profesional, salud física y bienestar emocional. Cultiva hábitos saludables que fomenten tu bienestar general, como una alimentación equilibrada, el sueño adecuado y la gestión del estrés.

Además, cultiva relaciones saludables y significativas. Rodéate de personas que te apoyen en tu viaje hacia la sobriedad y que te inspiren a ser la mejor versión de ti mismo. Busca actividades sociales que no impliquen el consumo de alcohol, como salir a cenar, practicar deportes o disfrutar de la naturaleza.

En resumen, descubrir nuevos pasatiempos y actividades es fundamental para construir una vida plena y satisfactoria sin depender del alcohol. Explora tus intereses, integra el ejercicio en tu rutina y cultiva relaciones saludables que te impulsen hacia adelante en tu viaje hacia la sobriedad continua. En el próximo y último capítulo, reflexionaremos sobre el viaje hasta ahora y exploraremos estrategias para mantener una vida sobria y satisfactoria a largo plazo.

En un tranquilo pueblo junto al mar, vivía Alejandro, un hombre que había decidido dejar atrás su dependencia al alcohol y comenzar una nueva vida llena de posibilidades. Al principio, enfrentó desafíos al adaptarse a su nueva realidad, pero pronto descubrió el poder de descubrir nuevos pasatiempos y actividades.

Alejandro recordó su pasión por la fotografía, una afición que había dejado de lado durante años debido a su consumo excesivo de alcohol. Decidió desempolvar su cámara y explorar el mundo a través del lente. Cada salida fotográfica se convirtió en una aventura emocionante, capturando la belleza de la naturaleza y las historias de las personas que encontraba en su camino.

Además, Alejandro se inscribió en un curso de cocina, redescubriendo su amor por la gastronomía. Aprendió nuevas recetas, experimentó con ingredientes frescos y compartió sus creaciones con amigos y familiares en cenas íntimas en su hogar. La cocina se convirtió en una forma de expresión creativa y una fuente de alegría en su vida sin alcohol.

Para mejorar su salud física y mental, Alejandro decidió integrar el ejercicio en su rutina diaria. Comenzó a correr por la playa al amanecer, disfrutando de la brisa marina y la serenidad del paisaje. Cada carrera se convirtió en una oportunidad para despejar su mente y conectarse consigo mismo.

Además, se unió a un grupo de senderismo local y exploró los senderos pintorescos que rodeaban su pueblo. Los largos paseos por la naturaleza fortalecieron su cuerpo, igualmente rejuvenecieron su espíritu, ofreciéndole un escape tranquilo del ajetreo de la vida cotidiana.

A medida que Alejandro exploraba nuevos pasatiempos y actividades, construyó una vida plena y satisfactoria sin depender del alcohol. Cultivó relaciones saludables con personas que compartían sus intereses y valores, encontrando apoyo y camaradería en su viaje hacia la sobriedad.

Se embarcó en aventuras emocionantes, viajando a lugares que siempre había soñado visitar y creando recuerdos preciosos en el camino. Descubrió una sensación de libertad y empoderamiento al vivir una vida auténtica y sin restricciones.

La historia de Alejandro es un testimonio del poder transformador de descubrir nuevos pasatiempos y actividades en el camino hacia la sobriedad. Al explorar sus intereses, integrar el ejercicio en su rutina y construir una vida plena y satisfactoria sin alcohol, Alejandro encontró la felicidad y la plenitud que tanto anhelaba.

Capítulo 10: Manteniendo Relaciones Saludables

En el proceso de recuperación del alcoholismo, el mantenimiento de relaciones saludables juega un papel crucial en el apoyo emocional y el bienestar general. En este capítulo, exploraremos la importancia de la comunicación efectiva con amigos y familiares, la reparación de vínculos afectados y el establecimiento de límites saludables en el camino hacia la sobriedad continua.

10.1 Comunicación Efectiva con Amigos y Familiares

La comunicación abierta y honesta es fundamental para mantener relaciones saludables durante la recuperación del alcoholismo. Es importante expresar tus sentimientos, necesidades y preocupaciones de manera clara y respetuosa.

Habla con tus amigos y familiares sobre tu proceso de recuperación y cómo pueden apoyarte mejor. Comunica tus metas, límites y expectativas de manera clara y consistente. Fomenta un ambiente de confianza y comprensión donde todos se sientan cómodos expresando sus pensamientos y emociones.

Además, escucha activamente a tus seres queridos y valora sus opiniones y perspectivas. La comunicación efectiva es un proceso bidireccional que requiere empatía, comprensión y disposición para comprometerse.

10.2 Reparando Vínculos Afectados

El alcoholismo puede causar daños significativos en las relaciones personales, pero la recuperación ofrece la oportunidad de reparar y fortalecer esos vínculos afectados. Es importante asumir la responsabilidad por cualquier daño causado y trabajar activamente en la reconstrucción de la confianza y la conexión con tus seres queridos.

Ofrece disculpas sinceras por cualquier comportamiento dañino pasado y demuestra tu compromiso con la sobriedad a través de acciones consistentes. Escucha las preocupaciones y sentimientos de tus seres queridos con empatía y comprensión, y trabaja juntos para resolver conflictos y superar obstáculos.

La terapia familiar o la terapia de pareja pueden ser recursos valiosos para abordar problemas subyacentes y fortalecer los lazos afectivos. Estas sesiones proporcionan un espacio seguro para explorar emociones, mejorar la comunicación y desarrollar estrategias efectivas para superar desafíos juntos.

10.3 Estableciendo Límites Saludables

Durante el proceso de recuperación, es importante establecer límites saludables con amigos y familiares para proteger tu bienestar emocional y mantener tu sobriedad. Esto puede implicar establecer límites claros en relación con el consumo de alcohol en tu entorno, evitar situaciones o personas que desencadenen la tentación y establecer expectativas realistas sobre el apoyo que necesitas.

Comunica tus límites de manera clara y firme, y mantén el compromiso de hacer respetar esas fronteras. Reconoce que establecer límites saludables es un acto de autocuidado y protección, y no una muestra de egoísmo o falta de compromiso.

Recuerda que mantener relaciones saludables durante la recuperación del alcoholismo es un proceso continuo que requiere esfuerzo, paciencia y compromiso de ambas partes. Con una comunicación efectiva, la reparación de vínculos afectados y el establecimiento de límites saludables, puedes cultivar relaciones que te apoyen y fortalezcan en tu viaje hacia la sobriedad continua. En el próximo capítulo, reflexionaremos sobre el viaje hasta ahora y exploraremos estrategias para mantener una vida sobria y satisfactoria a largo plazo.

En un vecindario tranquilo, vivía Sofía, una mujer que estaba en proceso de recuperación del alcoholismo. A medida que avanzaba en su viaje hacia la sobriedad, se dio cuenta de la importancia de mantener relaciones saludables con sus seres queridos.

Sofía decidió ser completamente transparente con su familia y amigos sobre su lucha contra el alcoholismo. Convocó a todos a una reunión y compartió abiertamente su viaje de recuperación, expresando sus sentimientos, necesidades y expectativas.

La comunicación honesta y abierta creó un ambiente de comprensión y apoyo. Sus seres queridos se comprometieron a estar a su lado en este desafío y ofrecieron su ayuda de cualquier manera posible. Juntos, acordaron mantener líneas de comunicación abiertas y discutir cualquier problema o preocupación que surgiera en el futuro.

Durante su época de consumo excesivo de alcohol, Sofía había distanciado a algunos de sus amigos más cercanos. Ahora, en su camino hacia la recuperación, se propuso reparar esos vínculos afectados.

Sofía se acercó a cada uno de ellos con una disculpa sincera y un compromiso renovado con su sobriedad. Reconoció el dolor que les había causado y expresó su deseo genuino de enmendar sus relaciones. Con paciencia y perseverancia, pudo reconstruir la confianza y fortalecer los lazos con sus amigos, creando una base sólida para relaciones más saludables en el futuro.

Para proteger su sobriedad y bienestar emocional, Sofía se dio cuenta de la importancia de establecer límites saludables con su círculo social. Comunicó claramente sus límites en relación con el consumo de alcohol y evitó situaciones que pudieran poner en peligro su sobriedad.

Al establecer límites claros y mantenerse firme en ellos, Sofía pudo mantener relaciones saludables que la apoyaban en su viaje hacia la sobriedad. Su determinación para mantener su bienestar emocional y su sobriedad sirvió como inspiración para aquellos a su alrededor, y juntos construyeron un entorno de amor, comprensión y apoyo mutuo.

La historia de Sofía destaca el poder transformador de mantener relaciones saludables durante el proceso de recuperación del alcoholismo. A través de la comunicación efectiva, la reparación de vínculos afectados y el establecimiento de límites saludables, Sofía encontró el apoyo y la fortaleza necesarios para mantenerse sobria y construir una vida plena y satisfactoria.

Capítulo 11: Celebrando tu Transformación

Después de recorrer un arduo camino hacia la sobriedad, es importante tomarse el tiempo para celebrar tu transformación personal. En este capítulo, exploraremos cómo reconocer tu progreso, realizar un ritual de renovación personal y compartir tu historia de éxito con los demás.

Reconociendo tu Progreso

Detente por un momento y reflexiona sobre el viaje que has emprendido. Reconoce y celebra cada paso que has dado hacia la sobriedad. Desde el momento en que tomaste la valiente decisión de buscar ayuda hasta los pequeños logros diarios, cada paso es un testimonio de tu fuerza y determinación.

Haz una lista de tus logros, grandes y pequeños. Reconoce tus momentos de resistencia, tus victorias sobre la tentación y tus avances en el camino hacia una vida sobria. Permítete sentirte orgulloso de ti mismo por el progreso que has logrado hasta ahora.

Celebra tus hitos personales de manera significativa. Ya sea con un pequeño regalo para ti mismo, una cena especial con amigos y familiares, o simplemente tomándote un momento para reflexionar y agradecer, reconoce tu progreso y permítete disfrutar del momento.

Ritual de Renovación Personal

Realizar un ritual de renovación personal es una forma poderosa de marcar tu transformación y celebrar tu nueva vida sin alcohol. Este ritual puede ser cualquier cosa que te haga sentir renovado y revitalizado, simbolizando tu compromiso continuo con la sobriedad y el crecimiento personal.

Por ejemplo, puedes escribir una carta a tu yo futuro, expresando tus metas y sueños para el camino que tienes por delante. Luego, quema la carta como un símbolo de dejar atrás tu vieja vida y dar la bienvenida a un nuevo comienzo.

Otra idea es crear un collage o tablero de visiones que represente tus objetivos y aspiraciones para el futuro. Incluye imágenes, palabras y citas que te inspiren y te motiven a seguir adelante en tu viaje de recuperación.

Cualquiera que sea el ritual que elijas, asegúrate de que sea significativo para ti y refleje tu compromiso con la sobriedad y el crecimiento personal. Permítete experimentar una sensación de renovación y esperanza a medida que te embarcas en este nuevo capítulo de tu vida.

Compartiendo tu Historia de Éxito

Compartir tu historia de éxito con los demás te permite celebrar tu transformación personal, sino que también inspira y motiva a quienes te rodean. Tu experiencia puede ofrecer esperanza y apoyo a aquellos que están luchando con problemas similares y pueden sentirse solos en su viaje hacia la sobriedad.

Considera compartir tu historia en un grupo de apoyo, en línea a través de redes sociales o en un entorno más íntimo con amigos y familiares. Sé honesto y abierto sobre los desafíos que has enfrentado y las lecciones que has aprendido en el camino.

Al compartir tu historia, también te estás recordando a ti mismo lo lejos que has llegado y lo mucho que has superado. Reconoce el coraje y la fuerza que has demostrado al enfrentar tus demonios internos y elegir un camino de sanación y crecimiento.

En resumen, celebrar tu transformación personal es un paso importante en tu viaje hacia la sobriedad continua. Reconoce tu progreso, realiza un ritual de renovación personal y comparte tu historia de éxito con los demás. Al hacerlo, te permites disfrutar del camino recorrido y te inspiras a ti mismo y a los demás a seguir adelante con esperanza y determinación.

En un pequeño café de la ciudad, se reunieron amigos y familiares de Lucas para celebrar su aniversario de un año de sobriedad. Sentado en medio de la habitación, Lucas miraba a su alrededor con gratitud mientras recordaba su viaje hacia la sobriedad.

Cuando Lucas decidió enfrentar su problema con el alcohol hace un año, nunca imaginó cuánto cambiaría su vida. Ahora, mientras sus seres queridos levantaban sus copas de agua en un brindis en su honor, recordó cada paso en el camino hacia la sobriedad.

Desde la difícil conversación con su familia hasta el apoyo constante de sus amigos en el grupo de apoyo, Lucas había superado desafíos que nunca pensó posible. Reconoció con orgullo sus logros, grandes y pequeños, y se sintió agradecido por el progreso que había logrado hasta el momento.

Como parte de la celebración, Lucas decidió realizar un ritual de renovación personal. En un gesto simbólico, escribió una carta a su yo del pasado, expresando sus emociones, reflexiones y metas para el futuro. Detalló sus logros y aprendizajes en el último año, así como sus esperanzas y sueños para los años venideros.

Luego, tomó la carta y la colocó en un sobre, simbolizando el cierre de un capítulo en su vida marcado por el alcoholismo. Con una cerilla, encendió el sobre y lo dejó arder lentamente en un recipiente seguro, liberando simbólicamente el peso del pasado y abrazando el futuro con renovada esperanza y determinación.

Finalmente, Lucas decidió compartir su historia de éxito con sus seres queridos. Tomó la palabra frente al grupo y habló desde el corazón sobre su viaje hacia la sobriedad. Compartió las luchas y los triunfos, los momentos de debilidad y las victorias significativas que lo habían llevado hasta ese día.

Su sinceridad y valentía inspiraron a todos los presentes. Los aplausos resonaron en el café mientras Lucas terminaba su discurso con una sonrisa en el rostro. Se sentía ligero, liberado de las cadenas del pasado y listo para abrazar un futuro lleno de posibilidades.

La celebración continuó con risas, abrazos y palabras de aliento mientras todos se unían para honrar el viaje de Lucas hacia la sobriedad. En ese momento, Lucas supo que su transformación había sido para él, y había tocado las vidas de quienes lo rodeaban, demostrando que la esperanza y la curación eran posibles para todos aquellos que se atrevieran a comenzar el viaje hacia la sobriedad.

Capítulo 12: Planificando para el Futuro

Después de haber alcanzado la sobriedad y celebrado tus logros, es crucial mirar hacia el futuro y planificar para mantener una vida libre de dependencia al alcohol a largo plazo. En este capítulo, exploraremos cómo construir una vida sin dependencia, desarrollar estrategias para evitar recaídas y crear un plan de mantenimiento a largo plazo que te apoye en tu viaje de recuperación continua.

Construyendo una Vida sin Dependencia

Ahora que has dejado atrás la dependencia al alcohol, es el momento de construir una vida plena y satisfactoria que no gire en torno al consumo de sustancias. Esto implica identificar tus valores, metas y pasiones, y dedicarte a actividades y relaciones que te brinden alegría y propósito.

Considera explorar nuevos intereses y pasatiempos, desarrollar habilidades profesionales o educativas, cultivar relaciones saludables y buscar oportunidades de crecimiento personal. Al construir una vida sólida y significativa basada en tus valores y aspiraciones, fortalecerás tu resiliencia y reducirás la probabilidad de recaer en viejos hábitos.

Además, mantén un equilibrio saludable en todas las áreas de tu vida, incluyendo tu salud física, emocional, social y espiritual. Prioriza el autocuidado y la atención plena, y busca el apoyo de profesionales de la salud mental si es necesario para abordar cualquier desafío emocional que pueda surgir en el camino.

Estrategias para Evitar Recaídas

Aunque has logrado la sobriedad, es importante reconocer que el riesgo de recaída siempre está presente. Para evitar recaer en viejos hábitos, es fundamental desarrollar y aplicar estrategias efectivas de prevención de recaídas.

Identifica tus desencadenantes personales, como el estrés, la ansiedad, las emociones negativas o las situaciones sociales, y desarrolla estrategias saludables para manejarlos. Esto puede incluir técnicas de relajación, ejercicio regular, terapia cognitivo-conductual o la participación en grupos de apoyo.

Además, establece límites claros con personas, lugares o situaciones que puedan poner en riesgo tu sobriedad. Aprende a decir "no" de manera firme y asertiva, y busca alternativas saludables para enfrentar el estrés o las tentaciones.

Mantén una red de apoyo sólida que incluya familiares, amigos, terapeutas y otros profesionales de la salud que te brinden el respaldo y la orientación necesarios en momentos de dificultad. No dudes en pedir ayuda si sientes que estás luchando o si notas signos de una posible recaída.

Creando un Plan de Mantenimiento a Largo Plazo

Finalmente, crea un plan de mantenimiento a largo plazo que te ayude a mantener tu sobriedad y a seguir creciendo y prosperando en el futuro. Este plan debe ser personalizado y adaptable a tus necesidades individuales, y debe incluir estrategias específicas para prevenir recaídas, mantener relaciones saludables y manejar desafíos futuros.

Programa regularmente revisiones de tu plan de mantenimiento con un terapeuta o consejero para evaluar tu progreso, identificar áreas de mejora y ajustar tu plan según sea necesario. Mantén un registro escrito de tus objetivos, estrategias y logros, y revisa tu plan regularmente para mantenerlo relevante y efectivo a lo largo del tiempo.

Recuerda que el viaje hacia la sobriedad es un proceso continuo y que es normal experimentar altibajos en el camino. Con un enfoque proactivo, una red de apoyo sólida y un plan de mantenimiento a largo plazo bien diseñado, puedes enfrentar los desafíos con confianza y construir una vida sobria y satisfactoria que perdure en el tiempo.

En la tranquila ciudad de Valle Verde, Marta se encontraba sentada en su estudio, revisando su plan de mantenimiento a largo plazo. Había pasado cinco años desde que Marta tomó la decisión de dejar atrás su adicción al alcohol y cada día se sentía más fuerte y más segura en su sobriedad.

Después de años de lucha con el alcoholismo, Marta se comprometió a construir una vida plena y significativa sin depender del alcohol. Se inscribió en clases de yoga y meditación, encontrando paz y claridad en la práctica diaria. Además, retomó su pasión por la pintura, dedicando horas cada semana a expresar su creatividad a través del arte.

Marta también se enfocó en fortalecer sus relaciones personales, reconectando con amigos y familiares que habían estado a su lado durante su viaje de recuperación. Cultivó nuevas amistades en grupos de apoyo locales, encontrando inspiración y apoyo en personas que compartían su experiencia.

A pesar de su progreso, Marta sabía que el riesgo de recaída siempre estaba presente. Para evitar recaer en viejos hábitos, Marta desarrolló estrategias efectivas para manejar el estrés y las tentaciones. Practicaba la atención plena y la respiración consciente en momentos de ansiedad, y se mantenía activa físicamente a través de caminatas diarias y clases de baile.

Además, Marta estableció límites claros con personas y situaciones que podrían poner en peligro su sobriedad. Aprendió a reconocer los signos de advertencia de una posible recaída y se comprometió a buscar ayuda inmediata si sentía que estaba luchando.

Marta mantenía un plan de mantenimiento a largo plazo que incluía revisiones regulares con su terapeuta y la participación continua en grupos de apoyo. Mantenía un diario de sus pensamientos y emociones, identificando patrones y áreas de mejora para ajustar su plan según fuera necesario.

Además, Marta se comprometió a seguir creciendo y prosperando en su vida sobria. Estableció nuevos objetivos personales y profesionales, desafiándose a sí misma a alcanzar nuevas alturas y explorar nuevas oportunidades.

En Valle Verde, Marta se convirtió en un ejemplo inspirador de transformación y perseverancia. A través de su dedicación y determinación, construyó una vida sobria y satisfactoria que perduraría en el tiempo, demostrando que el futuro era brillante y lleno de posibilidades para aquellos que se atrevían a seguir adelante en su viaje hacia la sobriedad.

No Estás Solo/a.

Al llegar al final de este libro, espero que hayas encontrado inspiración, motivación y herramientas prácticas para enfrentar tus propios desafíos con el alcohol y embarcarte en un viaje hacia la sobriedad y la felicidad duradera.

A lo largo de estas páginas, hemos explorado las etapas del proceso de recuperación, desde el reconocimiento de la adicción hasta la construcción de una vida sólida y satisfactoria sin depender del alcohol. Hemos aprendido a identificar los desencadenantes de la adicción, a desarrollar estrategias efectivas para evitar recaídas y a crear un plan de mantenimiento a largo plazo que nos apoye en nuestro viaje de recuperación continua.

Pero más allá de las herramientas prácticas y los consejos útiles, espero que hayas encontrado un mensaje de esperanza y redención. Porque sé, por experiencia propia, que la vida después del alcohol puede ser increíblemente hermosa y gratificante. He sido testigo del poder transformador de la sobriedad, y sé que tú también puedes experimentar esa transformación si te comprometes a seguir adelante en tu viaje hacia la libertad y la renovación.

Recuerda que no estás solo en este viaje. Hay una comunidad de personas que han pasado por lo mismo que tú, dispuestas a ofrecerte apoyo, orientación y comprensión. No dudes en buscar ayuda cuando la necesites, y recuerda que cada día es una nueva oportunidad para seguir adelante en tu camino hacia una vida más plena y auténtica.

Quiero agradecerte por acompañarme en este viaje y por permitirme ser parte de tu proceso de recuperación. Te deseo todo lo mejor en tu camino hacia la sobriedad y espero que encuentres la paz, la felicidad y la realización que mereces. Estoy emocionado de pensar en el futuro que te espera, lleno de posibilidades y oportunidades para crecer, prosperar y ser verdaderamente feliz.

Regalo

Estoy profundamente agradecido por haberme permitido ser parte de tu proceso en el arduo camino de mejorar tu calidad de vida, y como es un honor para mí, quiero regalarte una herramienta adicional que te permitirá monitorear todo lo que está detrás de ciertas conductas impulsivas o que te llevan al mismo resultado, con la finalidad de identificarlos y trabajar en ello. Puedes obtenerlo dando clic aquí o con el siguiente QR:

Querido lector,

Espero que este libro haya sido una fuente de inspiración y guía en tu viaje hacia la sobriedad y una vida plena y auténtica. Me gustaría pedirte que consideres dejar una reseña sobre tu experiencia con este libro. Tu opinión es invaluable y puede ayudar a otros que están buscando recursos para enfrentar sus propios desafíos con el alcoholismo.

Si este libro te ha ofrecido herramientas prácticas, consejos útiles o simplemente te ha brindado un sentido de esperanza y motivación, te agradecería enormemente que compartieras tus pensamientos en una reseña. Tu feedback puede marcar la diferencia en la vida de alguien más que esté luchando con problemas similares.

Ya sea en plataformas en línea, en redes sociales o simplemente compartiendo tus pensamientos con amigos y familiares, tu opinión puede ayudar a amplificar el impacto positivo de este libro.

Gracias por tu tiempo y consideración.

Con gratitud,
Alejandro Chester

www.ingramcontent.com/pod-product-compliance
Lightning Source LLC
Chambersburg PA
CBHW050759160726
48004CB00002B/632